सफ़र शायरी का

एहसासों की शायरी का संगम

Harvinder Chahal

Dedication

यह शायरी संग्रह उन सभी भावनाओं, लम्हों और एहसासों को समर्पित है, जो शब्दों के रूप में ढलकर हमारे दिलों को छूते हैं। यह किताब उन अनकहे जज़्बातों की आवाज़ है, जो कभी आँखों में आंसू बनकर, तो कभी मुस्कान में छिपकर हमारे साथ रहते हैं।

मैं इस पुस्तक को उन सभी शायरी प्रेमियों को समर्पित करता हूँ, जो शब्दों की गहराई में डूबकर अपने जज़्बातों को पहचानते हैं। साथ ही, यह समर्पण उन अनगिनत पलों को, उन यादों को और उन अपनों को, जिन्होंने इस लेखन यात्रा को प्रेरित किया।

उम्मीद है कि यह संग्रह आपके दिल के किसी कोने को छू पाएगा और आपको अपने एहसासों से जोड़ पाएगा।

सप्रेम,

[हरविन्द्र चहल]

Preface

शायरी सिर्फ़ शब्दों का खेल नहीं, बल्कि एहसासों की गहराई का एक सुंदर चित्रण है। यह वह जादू है, जो दिलों को जोड़ता है, भावनाओं को अभिव्यक्ति देता है और खामोशियों को भी आवाज़ देता है। इस संग्रह में संजोई गई शायरियां मेरी भावनाओं, अनुभवों और ख्यालों का एक आईना हैं, जिसमें प्रेम, विरह, आशा, दर्द, और जिंदगी के हर रंग की झलक मिलेगी।

इस किताब को लिखते समय मैंने न केवल अपने मन की बातों को शब्दों में पिरोया है, बल्कि उन अनकहे जज़्बातों को भी जगह दी है, जो अक्सर हम महसूस तो करते हैं, पर कह नहीं पाते। यह संग्रह उन सभी लोगों के लिए है, जो शब्दों में छिपे जज़्बातों को पढ़ने और महसूस करने का हुनर रखते हैं।

मेरी यह छोटी-सी कोशिश आपको अपने एहसासों से जोड़ पाए, यही मेरी सबसे बड़ी सफलता होगी। आशा है कि यह शायरी संग्रह आपको पसंद आएगा और आपकी भावनाओं को एक नया आयाम देगा।

सप्रेम,

[हरविन्द्र चहल]

Acknowledgements

इस शायरी संग्रह की यात्रा अकेले पूरी नहीं हो सकती थी। यह उन सभी लोगों की प्रेरणा, समर्थन और स्नेह का परिणाम है, जिन्होंने मुझे लिखने के लिए प्रोत्साहित किया और मेरी भावनाओं को शब्दों में ढालने में मदद की।

सबसे पहले, मैं अपने परिवार का हृदय से आभार व्यक्त करता हूँ, जिन्होंने हर कदम पर मेरा साथ दिया और मुझे लिखने के लिए प्रेरित किया। उनके बिना यह सफर अधूरा होता।

साथ ही, मैं अपने उन दोस्तों और शुभचिंतकों का भी धन्यवाद करता हूँ, जिन्होंने मेरी रचनाओं को पढ़ा, सराहा और मूल्यवान सुझाव दिए। उनकी प्रतिक्रियाएँ मेरे लिए मार्गदर्शक रहीं और उन्होंने मेरी लेखनी को और बेहतर बनाने में मदद की।

विशेष रूप से, उन सभी पाठकों का दिल से आभार, जो शायरी से प्रेम करते हैं और शब्दों में छिपे एहसासों को महसूस कर सकते हैं। आपकी सराहना और प्रेम ही मेरी सबसे बड़ी प्रेरणा है।

यह पुस्तक आप सभी को समर्पित है। आशा है कि मेरी ये शायरियां आपके दिल तक पहुँचेगी और आपके भावनाओं को छू सकेगी।

सादर,
[हरविन्द्र चहल]

1. तेरा साथ या मेरी राह

ना मालूम था इतना मज़बूर हो जाऊंगा
तेरा हाथ पकड़ूंगा तो खो जाऊंगा

नहीं जानता हूं के मेरी हालत क्या है
ग़र सोचूंगा तो बीमार हो जाऊंगा

परेशान इतना हूं के नींद नहीं आती
तू लोरी गा देगी तो मैं सो जाऊंगा

तू ख़ुद से ही कह दे मेरे दिल की बात
ग़र मैं कह दूंगा तो पागल हो जाऊंगा

"चहल" चले चल अब अपने अपने घर
साथ चलेंगे तो मैं भटक जाऊंगा

2. गिला भी, वफ़ा भी

मुसलसल उठते जज़्बातों को किसे बयां करूं
तू सुनता ही नहीं मेरी तो क्या ही कहा करूं

खुद को ही कर दिया है जब तेरे हवाले
अब तो खाली हूं मैं तो क्या ही अता करूं

अब तो बस मरना ही रह गया बाक़ी
तुझे जो आए यक़ीन ऐसा क्या बता करूं

दो ही सवालों में गुज़रती है रात मेरी
कैसे करूं और अब क्या करूं

कुछ ख़्वाब अब तुम भी देख लो मेरे "चहल"
दिन को ओढ़ा काली चादर तुझे रातें अता करूं

3. किसी ख़्वाब में जी रहा हूँ जैसे

किसी ख़्वाब में जी रहा हूँ जैसे
अब एक आदत सी बन रही हो तुम

खामोशियों में भी सुन रहा हूं तुम्हें
क्या मेरी धड़कने सुन रही हो तुम

कहीं आदत से तलब न बन जाएं हम दोनों
मैं कर रहा हूं याद, हिचकियां ले रही हो तुम

बेख़ुद सा ही अब जीने लगा हूँ
आस पास महसूस हो रही हो तुम

"चहल" अब तो तू इस क़दर शामिल है मुझमें
वो भी सुन रहा हूं जो नहीं कह रही हो तुम

4. इंतज़ार

तू मेरा इश्क़ नहीं फिर भी तेरी चाह है मुझको
ये कैसी कशमकश है के तेरे बिना रहा नहीं जाता

तेरे नज़ारे को यूँ तो तरसते रहते हैं मेरे नैना
वो बात और है के तेरे सिवाय कुछ और नज़र नहीं आता

अब तो बस ख़्वाब ओ ख़्याल ए वस्ल ही सही
हुए तेरे रु ब रु तो फिर रहा नहीं जाता

अब तो खलिश सी लगने लगी है ज़िंदगी अपनी
तुझे अपना कहकर भी अपना कहा नहीं जाता

अब तो इंतज़ार रहेगा उस वक्त का "चहल"
जब तू ख़ुद ही कह दे जो मुझसे कहा नहीं जाता

5. चल आज खुल के कुछ बातें करते हैं

चल आज खुल के कुछ बातें करते हैं

कुछ मेरे मन की कुछ तेरे मन की
पुरानी यादों में नई दुनिया देखते हैं
शाम के सफ़र की कुछ अपने गुज़र बसर की
हर हिचकी के साथ एक दूजे को याद करते हैं
चल आज खुल के कुछ बातें करते हैं

कुछ रूठ जाने की, कुछ मान जाने की
नई शिकायतों में चल पुराने वादे ढूंढ़ते हैं
कैसे किया करते थे कभी एक दूजे का इंतज़ार
तन्हाई के आलम में चल अब यही सोचते हैं
चल आज खुल के कुछ बातें करते हैं

कुछ तुझसे रह गया कुछ मुझसे रह गया
उन्हीं अधूरी बातों को आज फिर से कहते हैं
ना तू ही कह पाई और ना मैं ही कह पाया
लग के गले चल अब अलविदा कहते हैं
चल आज खुल के कुछ बातें करते हैं

अब जो ख़लिश सा लगने लगा हर लम्हा
चल आज नई उम्मीदों से भरते हैं

थोड़ा तुम करो थोड़ा मैं करता हूं
जो रह गया था अधूरा मिल कर उसे पूरा करते हैं
चल आज खुल के कुछ बातें करते हैं

6. अधूरा सफ़र अधूरी तलाश

कुछ सोच कर बस यूँहीं मैं रह गया
तू कह देगा ख़ुद से जो मुझसे रह गया

मैं ये नहीं कहता कि मैं अधूरा था
पर तेरे बग़ैर मैं पूरा होते रह गया

वक़्त हाथ से फ़िसल के चला ना जाए कहीं
कोशिशें करता रहा और बंध के रह गया

वो तसव्वुर का आलम भी कितना हसीन था
सब निकल गए आगे और मैं सोता रह गया

कुछ था हिसाब करने को ज़िंदगी से बाक़ी
चुकाता रहा बस सूद मैं और असल रह गया

कभी जो मुस्कुरा देता एक नज़र देखकर मुझको
जिसे ढूंढ़ता रहा भरे बाज़ार, मेरे घर पे रह गया

"चहल" जो दिखा देता मुझको असल शक्ल मेरी
वो आईना था के मेरे रु ब रु होते रह गया

7. ख़्वाब बिछड़े, यादें ठहरीं

मैं भी मशरूफ हूं तू भी मशरूफ है
वो तेरे ख़्याल अब मुझे आते नहीं हैं

एक अरसा गुज़र गया मुझे तकलीफ़ से गुज़रे
तेरे ख़्वाब अब नींदों में आके सताते नहीं हैं

तेरी यादों को बस्तों में रख लिया है सहेज कर
तेरे एहसासों को अब हम जताते नहीं हैं

कभी जो हुआ करते थे चर्चे जहां में हमारे
वो किस्से महफ़िलों में अब सुनाते नहीं हैं

"चहल" लोग यूंहीं आते रहेंगे जाते रहेंगे
किसी और से दिल अब हम लगाते नहीं हैं

8. ग़ैर-सी होती यादें

गिले शिकवों में ही कटने लगी अब
वक़्त की उम्र भी घटने लगी अब

मुफ़्त में ही ले गई ख़्वाब मेरे
तेरी हंसी भी मुझे ठगने लगी अब

पलट कर एक नज़र भी देखती नहीं मुझको
तेरी यादें भी है ग़ैर सी लगने लगी अब

कोशिश भी छूकर निकल जाती है मंजिलें
उम्मीदें भी आज़ार सी लगने लगी अब

मिक़दार ए नमक "चहल" अब बढ़ने लगा है
हस्ती हुई आखें भी रोने लगीं अब

९. यादों की तहें

बारिशों की तरह बिखर गया हूं तेरी राहों में
तू हाथ पकड़ ले तो सिमट जाऊंगा

तहों में लपेट लिया है तेरी यादों को
रोज़ एक खोलूंगा और जी जाऊंगा

तरक्कियां मोहब्बत में भी कर रहा हूँ अब
कल तक आशिक था कल मजनू हो जाऊंगा

मुलाक़ातों के बहीखाते बना लिए हैं
सब गिले शिकवों का हिसाब कर जाऊंगा

अब तो वो रात सी लगने लगी है "चहल"
लगता है अँधेरे में ही मर जाऊंगा

10. ग़ज़ल का सामान

जान भी है, दिल भी है, तुम भी आ जाओ, मेरे हिस्से में चांद आ
जाएगा
बहुत दिनों से कुछ सूझ नहीं रहा है, मेरी ग़ज़ल का सामान आ जाएगा

रात भी है, नींद भी है, जाते जाते कुछ अच्छी यादें दे जाओ
बहुत दिनों से ढंग से सोया नहीं हूं, मेरे ख़्वाबों को आराम आ जाएगा

काम भी है, नाम भी है, किराए पर ही सही थोड़ा सुकून दे जाओ
भागते भागते थक सा गया हूं, मेरे अरमानों का मुक़ाम आ जाएगा

उम्मीद भी है, फ़रियाद भी है, अब सही रास्ता भी दे जाओ
लोग कहते हैं   ख़ुद पे कर यकीं "चहल",
तेरे भी पत्थर में भगवान आ जाएगा

11. इश्क़ की बिमारियाँ

कुछ तेरी यादों की हिचकियाँ कुछ तेरे ख़्वाबों के नजले
तेरे इश्क़ की हमने कुछ बिमारियाँ पाल रक्खी हैं

मरहम की खातिर तेरे दीदार को आ भी जाऊं
पर तूने मेरे लिए बस रुसवाइयां संभाल रक्खी हैं

तकलीफ़ें भी लगने लगीं हैं कुछ अच्छे दोस्तों सी
कैसा भी हो वक़्त, मेरा हाथ थामे रक्खी हैं

दिन हो गए स्याह से और रातें उजली उजली
अपनी तो सारी ज़िंदगी बे सर पैर की हो रक्खी है

"चहल" कभी तो याद आएगा उसको के उसी का बच्चा हूं
कभी तो होगी उसके रहम की बारिश यही आस लगाके रक्खी है

12. वक़्त

कुछ तो था मेरे पास जो कभी हुआ करता था
लोग कहते हैं कि उसका नाम वक़्त हुआ करता था

आजकल तो सांस लेने की भी फ़ुर्सत नहीं मिलती
सुनने में आया है कि मैं भी कभी ज़िंदा हुआ करता था

कमबख्त ये वक्त गया है जबसे छोड़ कर मुझको
मुझे याद नहीं के मेरा भी कोई रिश्ता हुआ करता था

अब तो चंद जो ख़्वाब देखता हूं वो भी जागते जागते जाने वो रातें
कहाँ गयीं जब नींद का आलम हुआ करता था

"चहल" यूं ना हो मायूस ये वक़्त गुज़रने की आदत रखता है
आज वो फ़कीर बनके बैठे हैं जिनका कभी वक़्त हुआ करता था

13. तलाश

तुमसे दूर अब किधर जायेंगे
वक़्त तलाश रहे हैं आ जायेंगे

तुम्हें जाना है तो चली जाओ
अब ऐसा भी नहीं है के मर जायेंगे

माना के बहुत बार गिरे हैं हम
मगर टूटे तो नहीं हैं जो बिखर जायेंगे

जब तुम रहती हो भीतर हमारे
तुम्हें ढूँढ़ने बताओ किधर जायेंगे

बहुत खा लिए हमने धक्के "चहल"
थक गए हैं बस अब घर जाएंगे

14. किसी ग़ैर से इतनी जान पहचान ना रखो

मैं वो नहीं जिसके ख़्वाब तुम देखो
अपनी नींदों को मुझसे बचाकर रखो

जिस रास्ते जाना ना हो उधर चलना ही क्यों
ठोकरें जल्द लगती है कदम संभाल के रखो

मैं पास हो सकता हूं मगर साथ नहीं
अपने हाथों को मेरे हाथों में ना रखो

बिछड़े तो तकलीफ़ तो होगी ही ज़रा सी
मंज़िलें हमारी अलग हैं उनको दूर ही रखो

"चहल" पल दो पल के महमां तो आते रहेंगे
किसी ग़ैर से इतनी जान पहचान ना रखो

15. मेरे बटुए की अंदर वाली जेब में पड़ी हैं कुछ यादें

मेरे बटुए की अंदर वाली जेब में पड़ी हैं कुछ यादें
टुकड़ों को जोड़कर जी लिया करते हैं कभी-कभी
किताबों के लिबास में से निकल आती हैं कभी
अलमारी के ऊपर पड़ी गर्द में उभर आती हैं कभी-कभी

कल पनवाड़ी पे कुछ लोग धुएं के छल्ले बना रहे थे
वो तिरछी वाली लकीर आ गई चेहरे पे
कोशिश तो आज भी करता हूं पर अब बनते नहीं
पहले जो बन जाया करते थे कभी-कभी

तब तीन पत्तियों पर सपने दांव पे लगा करते थे
अब जेबों से नोट निकल आया करते हैं
पर अब वो मज़ा नहीं आता जो पहले आता था
दस का फटा नोट जब निकल आया करता था कभी-कभी

पता नहीं कब आता है चला जाता है
अब वो पुराने वाला इतवार नहीं आता है
सुबह निकलते थे गेंद और बल्ले शाम तक चला करते थे
आजकल मोबाइल में कैंडी क्रश खेल लिया करते हैं कभी-कभी

वो टपरी की चाय से बढ़िया स्टारबक्स की कॉफ़ी नहीं लगती
कैंटीन के समोसों से बढ़िया सबवे का सैंडविच नहीं लगता
ए पुराने वक़्त तेरा शुक्रिया जो तू आया
बस मेरा एक काम करदे
कल आने वाले वक़्त को बस इतना कहदे
के वो भी तुझ जैसा बन जाया करे कभी-कभी
मेरे बटुए की अंदर वाली जेब में पड़ी हैं कुछ यादें
टुकड़ों को जोड़कर जी लिया करते हैं कभी-कभी

16. जज़्बातों की बात करते हैं

वो देकर मर्ज़ ख़ुद ही मरहम की बात करते हैं
चलो हम हो लिए ख़ुश के वो कुछ तो ख़्याल करते हैं

अब तो तेरी तलब-सी लगने लगी है मुझको
मुसलसल उठते ये जज़्बात अब तो बेहाल करते हैं

तुझसे मिलने के हादसे को ना कर सके नसीब अपना
हसरतें अब तो बस ख़ुद से ही बहाल करते हैं

चंद यादें, चंद ख़्वाब और चंद तस्वीरें तेरी
रख कर सामने अपने अब उनसे सवाल करते हैं

तसव्वुर ए वस्ल में ही कटने लगी ज़िंदगी अपनी
अपनी विरानियों का कुछ इस तरह ख़्याल करते हैं

"चहल" निकल अब ख़्वाबों के समंदर से बाहर
चांदनी से खेलते हैं होली और धूप को गुलाल करते हैं

17. मोहब्बत का सबूत

उसने मांगा मुझसे मोहब्बत का सबूत
मैं एक कटोरी आसमान ले आया

लोग चांद तारे तोड़ने की करते हैं बातें
थोड़ा ही सही मैं तो आसमां ले आया

चुन लो इसमें से जितने चुनने हैं
मैं सजने का सामान ले आया

बस और ना कहना अब कुछ, लोग अंधेरे में मर जाएंगे
कहीं जोश में आफ़ताब ले आया

तेरे ख़्वाबों से मुलाक़ात बाक़ी थी
मैं दिन में रात ले आया

लोग ग़म मिटाने को लगाते हैं जाम "चहल"
मुझे सुकून चाहिए था, मैं समन्दर और शाम ले आया

18. मीठी मीठी बात

ज़िंदगी में चीनी की कमी हो गई है
ज़रा सी मीठी- मीठी बात करलो तुम

आज वक़्त ज़रा खाली है मेरे पास
क्यों ना अपनी यादों से भरलो तुम

अँधेरों में अब ख़ामोशियाँ सुनायी नहीं देती
इस दिन को बनारस की शाम करलो तुम

होश में रहना अब नहीं लग रहा अच्छा
अपनी आँखों को नशीले जाम करलो तुम

"चहल" जो ये कहने लगे हो के बड़े हो गए हो
अपनी हैसियत को ज़रा आम करलो तुम

19. इंसान नज़र नहीं आते

दुनिया में ख़ूबसूरत क्या रहा काश बता पाते
पहले तो इंसान थे आजकल नज़र नहीं आते

हाड़-मास के पुतलों में सासें चलती हैं
थोड़ा-सा दिल कुछ तो अहसास ओ जज़्बात बचा पाते

कब थी मंज़िल क़रीब इतने ये किसने कह दिया
ग़र इतनी तेज़ यूँ न हम भाग पाते

कहां दर्द उठा कहां सिसकियां बही
जो पत्थर ना होते तो महसूस कर पाते

ख़ुदा ने भी शुरू कर दी है मिलावट मिट्टी में
वर्ना हम भी ख़ुद को आज इंसानों में खड़ा पाते

"चहल" कुछ तो बात है तुझमें जो अब भी बाक़ी है
वर्ना कहाँ किसी रोते को तुम हंसा पाते

20. बनते-बनते रह गए

कभी दिन की छाँव कभी शाम की धूप बन के रह गए
हम वो अधूरे प्यार थे साहब जो किताबों में फूल बन के रह गए

मसले जिनके ता-उम्र न हुए तमाम
फ़साना-ए-ज़िंदगी के वो किरदार बन के रह गए

कुछ इस क़दर तेरी हां में हां मिलाने लगे
के हम हम न रहे, तुम बन के रह गए

कभी आम बने कभी महफ़िलों की शान बने
रु ब रु तेरे पर खामोश बनके रह गए

तेरे इंतज़ार में रुका हुआ लगा वक़्त भी
शहर की भीड़ में गुमनाम किस्सा बनके रह गए

वक़्त - वक़्त पे बदलता रहा क़िरदार मेरा

कभी हमनवां कभी अजनबी बनके रह गए

उम्मीद भर रही बस अदद से एक घर कि "चहल"
ठिकाना ढूंढ़ते रहे, मुसाफ़िर बन के रह गए